Maurice Mwasengi Ntomo Coel

Les choses cachées et les choses révélées

Maurice Mwasengi Ntomo Coel

Les choses cachées et les choses révélées

Éditions Croix du Salut

Imprint

Cover image: www.ingimage.com

Publisher:
Éditions Croix du Salut
is a trademark of
Dodo Books Indian Ocean Ltd. and OmniScriptum S.R.L publishing group

120 High Road, East Finchley, London, N2 9ED, United Kingdom
Str. Armeneasca 28/1, office 1, Chisinau MD-2012, Republic of Moldova, Europe
Printed at: see last page
ISBN: 978-620-6-16817-1

Préface

Depuis la nuit de temps, les choses cachées ont toujours fait l'objet de la curiosité humaine. Que des questions que les hommes ne se posent-ils pas à propos de tous ce qui échappent à leur connaissance dans tous les domaines de la vie ?

Le présent livre nous explique l'appartenance des choses cachées qui relèvent de la compétence divine et celles révélées à l'homme. Pour se fait, ce livre nous détaille en profondeur les deux dimensions qui peuvent aider tout chrétien, en particulier, dans la marche de sa vie chrétienne et tout homme soucié de progresser, de réussir et de faire des exploits dans sa vie.

Il ne suffit pas de lire la bible, mais il faut plutôt connaitre la pertinence de ses écrits pour faire la part des choses. Voici à ce propos ; une lampe qui qui nous est offerte par cet éminent serviteur de Dieu dont, nous devons nous en servir dans notre vie chrétienne.

AVANT-PROPOS

Souvent l'homme est attiré par les choses qui lui sont cachées et cherche à les connaitre. Sa curiosité l'amène à poser des questions du genre : d'où est venue la femme de Caïn ? Avant la création qu'est ce qui y avait ? Quel est le nom du fruit qu'Adam et Eve ont mangé ? Pourquoi Dieu qui savait que le Diable allait détruire l'homme mais il l'a laissé séduire l'homme ? pourquoi n'va-t-il pas détruit directement le Diable lorsqu'il s'est rebellé contre lui ? Ainsi de suite.

La Bible nous dit que les choses cachées c'est le domaine réservé de Dieu, cela est lié à son pouvoir discrétionnaire. C'est pour cela un jour le Christ dira ceci que personne ne connait ni le jour ni l'heure du retour du Fils de l'homme si ce n'est le Père lui-même.

Il y a des choses que nous ne devons pas chercher à connaitre car nous ne les connaitrons jamais, mais plutôt cherchons à connaitre des choses qui contribueront à notre salut, des choses que Dieu dans sa souveraineté veut que nous les connaissions pour notre salut et notre bien-être. Et ce sont ces choses-là dont nous allons parler ici. Des choses dont Dieu veut que nous les connaissions mais pas d'autres.

Si aujourd'hui nous assistons à un grand réchauffement climatique, c'est parce que nous n'avons pas chercher à connaitre ce qui est très utile et indispensable à notre survie sur la terre, mais nous nous sommes dans la recherche de ce qui rend notre survie sur la terre hypothétique. Il y a très bonnes choses cachées, une fois connues, la vie de l'homme devient paisible et longue sur la terre. Malheureusement, cela échappe à l'entendement de l'homme et l'homme s'évertue à chercher ce qui le détruit et rend son séjour la terre malheureuse et courte.

Aujourd'hui nous voyons la recrudescence des épidémies dues aux différents virus qui sont les résultats de la mauvaise orientation de nos recherches scientifiques. Non orientons nos recherche vers ce qui nous utile et indispensable.

INTRODUCTION

Deutéronome 29 :29 (28) dit : « *les choses cachées sont pour l'Eternel, notre Dieu, les choses révélées sont pour nous et nos enfants, à toujours, afin que nous mettons en pratique toutes les paroles de cette loi* ». Et 1Cor 2 :9-10 : « *Mais, comme il est écrit, ce sont des choses que l'œil n'a point vues, que l'oreille n'a point entendues, et qui ne sont point montées au cœur de l'homme, des choses que Dieu a préparées pour ceux qui l'aiment. Dieu nous les a révélées par l'Esprit. Car l'Esprit sonde tout, même les profondeurs de Dieu.* »

Depuis la nuit de temps, l'homme fait des recherches dans tous les domaines pour découvrir ce qui est caché. Des sommes colossales d'argent sont engagées pour cette fin. Le domaine de la recherche aujourd'hui fait des prouesses tant positives que négatives dans tous les domaines de la vie de l'homme. Dans le domaine spirituel, la bible nous dit, parlant de la grâce que : « *Les prophètes, qui ont prophétisé touchant la grâce qui vous était réservée, ont fait de ce salut l'objet de leurs recherches et de leurs investigations, voulant sonder l'époque et les circonstances marquées par l'Esprit de Christ qui était en eux, et qui attestait d'avance les souffrances de Christ et la gloire dont elles seraient suivies. Il leur fut révélé que ce n'était pas pour eux-mêmes, mais pour vous, qu'ils étaient les dispensateurs de ces choses, que vous ont annoncées maintenant ceux qui vous ont prêché l'Evangile par le Saint-Esprit envoyé du ciel, et dans lesquelles les anges désirent plonger leurs regards* » (1Pie 1 : 10-12). La découverte des choses cachées constitue le souci de tous les temps pour les hommes et cela les amène à se tournent soit vers le Seigneur Eternel, soit vers le diable mais malheureusement le diable aussi ne connait pas ce que Dieu a caché. Mais trompeur qu'il est, il fait croire aux hommes qu'il peut leurs révéler les choses cachées par Dieu. De même les anges, désirent plonger leurs regards dans ces choses pour en savoir quelques choses mais ne les peuvent pas. Nous le verrons plus tard.

Dans le passage de 1Cor 2 : 9-10 que nous avons cité ci-haut, nous voyons l'apôtre Paul nous dire que ces choses cachées, elles nous sont révélées par le Saint Esprit.

Ceci est un principe très capital : l'homme ne peut recevoir, ne peut connaitre, ne peut posséder, ne peut comprendre et ne peut vivre que ce qui lui a été révélé. Ce principe vaut son pesant d'or pour les choses spirituelles et pour les choses de n'importe quel domaine de la vie. La Bible dit que les choses cachées sont à Dieu et les choses révélées sont aux hommes, cela veut dire que les hommes reçoivent de la part de Dieu que les choses qu'il leur a révélées d'avance. Dieu ne donne pas à un homme quelque chose qu'il ne lui a pas révélé d'avance, que cela soit en termes de connaissance, de puissance, d'orientation, de richesses, d'élévation, etc...Dieu avant de donner quelque chose à l'homme, il doit d'abord le lui révélé.

Dans 1Cor 2 : 9-10, la Bible nous dit que les choses que Dieu a prévues pour ceux qui l'aiment sont des choses dont leurs yeux n'ont jamais vu, leurs oreilles n'en ont jamais entendu et leurs cœurs n'en ont jamais pensé, donc des choses cachées. Et ces choses, Dieu les révèle par son Esprit Saint. Et dans Jérémie 33 :3, Dieu dit : « *invoque-moi je te répondrai et je t'annoncerai les choses cachées et les secrets que tu ne connais pas* ». Dieu nous demande de l'invoquer pour qu'il nous révèle les choses cachées et les secrets que nous ne connaissons pas. Pourquoi cela ? C'est parce qu'il sait qu'aussi longtemps les choses demeurent cachées, nous ne pouvons pas les posséder et aussi longtemps que les secrets demeurent cachés, nous ne pouvons pas les connaitre, voilà pourquoi il tient à nous les révéler. Et c'est à nous de les désirer et de lui les demander. Malheureusement, souvent nous passons notre temps et perdons nos énergies à nous lamenter, soit à chercher aux mauvais endroits au lieu d'invoquer Dieu pour qu'il nous révèle ce qui est caché.

Dans la pensée de Dieu, tout chrétien de tout bord doit être apte à découvrir les choses cachées par le Saint Esprit s'il les demande à Dieu. Cela n'est pas réservé à une poignée de chrétiens ; prophètes, pasteurs ou d'autres mais à tout enfant de Dieu. Le problème que nous avons aujourd'hui est que ; beaucoup de chrétiens sont paresseux spirituellement ou ne savent pas prier. Ils ne se concentrent pas dans la prière pour que le Saint Esprit leurs révèle les choses cachées et ils pensent qu'il n'y a que les prophètes qui peuvent le faire. Voilà pourquoi ils courent derrière les prophètes qui dont la plupart sont des faux. Et pourtant, le Seigneur dit : « *rien de ce qui est caché ne demeurera caché* ». Nous devons vraiment chercher à connaitre les choses cachées.

Chapitre 1 : les choses cachées

Aucun homme ne peut jamais comprendre, connaitre, saisir ou posséder ce qui est caché par Dieu, soit-il sorcier, magicien, devin donc occultiste. Les choses ne sont pas cachées par Dieu seul, le diable aussi peut le faire y compris l'homme. Mais Dieu reste le seul qui soit capable de révéler les choses que lui-même a caché, ou que le diable a caché ou soit l'homme. C'est pour cela qu'il affirme que rien de tout ce qui est caché ne restera caché.

L'importance de connaitre les choses cachées

Pourquoi devrions nous chercher à tout prix à connaitre les choses cachées ?

Notre monde est constitué de deux parties ; la partie matérielle et visible et la partie immatérielle et invisible. La partie matérielle est faite de tous ce que nous voyons, touchons, saisissons et connaissons. Et pourtant tous ce que nous voyons et connaissons ont comme soubassement ce que nous ne voyons pas et ne connaissons pas.

Les choses cachées, sont des choses qui existent mais que nous ne voyons pas et ne connaissons pas non plus. Elles sont très importantes pour notre bien être sur tous les plans. Et pourtant, l'ignorance de ces choses est la source de beaucoup de soucis dans notre vie et cela dans tous les domaines. Dans les domaines scientifiques par exemples, ce sont ces choses-là qui vont l'objet de beaucoup d'études et des recherches pour enfin les découvrir et les connaitre. Les choses cachées détiennent les secrets de guérisons de diverses maladies, des réussites, des progrès, des développements, des victoires et j'en passe. Aujourd'hui, les nations déboursent de sommes colossales pour la recherche dans le seul but de connaitre les choses cachées. Si aujourd'hui on parle des pays développés et sous-développés c'est par rapport aux résultats obtenus dans le domaine de la recherche de choses cachées. Aujourd'hui, ceux qui ont une grande connaissance des choses cachées peu importes les domaines, sont placés au-dessus de l'échelle et ceux qui n'en ont pas, sont au bas de l'échelle.

Chers bien-aimés, cela est la volonté de Dieu que les hommes aient une grande connaissance de choses cachées, il le sait très bien que le bien-être de l'homme en dépend totalement, voilà pourquoi il dit : « mon peuple périt par manque de connaissance » (Osée 4 : 6). Le Seigneur a dit un jour aux enfants d'Israël : « *Si toi aussi, au moins en ce jour qui t'est donné, tu connaissais les choses qui appartiennent à ta paix ! Mais maintenant elles sont cachées à tes yeux. Il viendra sur toi des jours où tes ennemis t'environneront de tranchées, t'enfermeront, et te serreront de toutes parts ; ils te détruiront, toi et tes enfants au milieu de toi, et ils ne laisseront pas en toi pierre sur pierre, parce que tu n'as pas connu le temps où tu as été visitée* » (Luc 19 : 41-44). Les enfants d'Israël ne connaissaient pas les choses qui contribuaient à leur paix, cela leur a été cachées. Les choses cachées comme nous avons eu à le confirmer, détiennent beaucoup de secrets qui doivent servir à notre bien-être.

Lorsque nous lisons Genèse 41 : 1-8, 25-40, la bible dit : « *Au bout de deux ans, Pharaon eut un songe. Voici, il se tenait près du fleuve. Et voici, sept vaches belles à voir et grasses de chair montèrent hors du fleuve, et se mirent à paître dans la prairie. Sept autres vaches laides à voir et maigres de chair montèrent derrière elles hors du fleuve, et se tinrent à leurs côtés sur le bord du fleuve. Les vaches laides à voir et maigres de chair mangèrent les sept vaches belles à voir et grasses de chair. Et Pharaon s'éveilla. Il se rendormit, et il eut un second songe. Voici, sept épis gras et beaux montèrent sur une même tige. Et sept épis maigres et brûlés par le vent d'orient poussèrent après eux. Les épis maigres engloutirent les sept épis gras et pleins. Et Pharaon s'éveilla. Voilà le songe. Le matin, Pharaon eut l'esprit agité, et il fit appeler tous les magiciens et tous les sages de l'Egypte. Il leur raconta ses songes. Mais personne ne put les expliquer à Pharaon* ». « *Joseph dit à Pharaon : Ce qu'a songé Pharaon est une seule chose ; Dieu a fait connaître à Pharaon ce qu'il va faire. Les sept vaches belles sont sept années : et les sept épis beaux sont sept années : c'est un seul songe. Les sept vaches décharnées et laides, qui montaient derrière les premières, sont sept années ; et les sept épis vides, brûlés par le vent d'orient, seront sept années de famine. Ainsi, comme je viens de le dire à Pharaon, Dieu a fait connaître à Pharaon ce qu'il va faire. Voici, il y aura sept années de grande abondance dans tout le pays d'Egypte. Sept années de famine viendront après elles ; et l'on oubliera toute cette abondance au pays d'Egypte, et la famine consumera le pays. Cette famine qui suivra sera si forte qu'on ne s'apercevra plus de l'abondance dans le pays. Si Pharaon a vu le songe se répéter une seconde fois, c'est que la chose est arrêtée de la part de Dieu, et que Dieu se hâtera de l'exécuter. Maintenant, que Pharaon choisisse un homme intelligent et sage, et qu'il le mette à la tête du pays d'Egypte. Que Pharaon établisse des commissaires sur le pays, pour lever un cinquième des récoltes de l'Egypte pendant les sept années d'abondance. Qu'ils rassemblent tous les produits de ces bonnes années qui vont venir ; qu'ils fassent, sous l'autorité de Pharaon, des amas de blé, des approvisionnements dans les villes, et qu'ils en aient la garde. Ces provisions seront en réserve pour le pays, pour les sept années de famine qui arriveront dans le pays d'Egypte, afin que le pays ne soit pas consumé par la famine. Ces paroles plurent à Pharaon et à tous ses serviteurs. Et Pharaon dit à ses serviteurs : Trouverions-nous un homme comme celui-ci, ayant en lui l'esprit de Dieu ? Et Pharaon dit à Joseph : Puisque Dieu t'a fait connaître toutes ces choses, il n'y a personne qui soit aussi intelligent et aussi sage que toi. Je t'établis sur ma maison, et tout mon peuple obéira à tes ordres. Le trône seul m'élèvera au-dessus de toi* ».

A la lumière de ce longue lecture biblique, nous constatons que l'Egypte devrait connaitre deux périodes dans son existence, une période de cinq ans pendant laquelle, elle allait connaitre l'abondance et une autre période de cinq ans pour la disette. Et ces deux temps étaient cachés aux Egyptiens, personne en Egypte ne pouvait l'imaginer ou le soupçonner, et pourtant ces deux temps étaient soit pour leur bonheur soit pour leur misère. Et c'est la connaissance de ces deux temps qui devrait faire que l'Egypte ne connaisse pas la disette mais vive toujours dans la suffisance. Le Pharaon avec ses magiciens et ses sages n'étaient pas capables de comprendre ces choses cachées, et pourtant cela devrait contribuer à leur bien-être. Et c'est au travers de Joseph que le Pharaon va prendre connaissance de ces choses et de la stratégie appropriée à utiliser pour que les jours à venir ne soient pas désastreux mais heureux. Et joseph quant à lui, a découvert les choses cachées grâce à l'Esprit de Dieu qui était en lui.

Et en Babylone dans Daniel 2 : 2-11 ; « *Le roi fit appeler les magiciens, les astrologues, les enchanteurs et les Chaldéens, pour qu'ils lui disent ses songes. Ils vinrent, et se présentèrent devant le roi. Le roi leur dit : J'ai eu un songe ; mon esprit est agité, et je voudrais connaître ce songe. Les Chaldéens répondirent au roi en langue araméenne : O roi, vis éternellement ! dis le songe à tes serviteurs, et nous en donnerons l'explication. Le roi reprit la parole et dit aux Chaldéens : La chose m'a échappé ; si vous ne me faites connaître le songe et son explication, vous serez mis en pièces, et vos maisons seront réduites en un tas d'immondices. Mais si vous me dites le songe et son explication, vous recevrez de moi des dons et des présents, et de grands honneurs. C'est pourquoi dites-moi le songe et son explication. Répondirent pour la seconde fois : Que le roi dise le songe à ses serviteurs, et nous en donnerons l'explication. Le roi reprit la parole et dit : Je m'aperçois, en vérité, que vous voulez gagner du temps, parce que vous voyez que la chose m'a échappé. Si donc vous ne me faites pas connaître le songe, la même sentence vous enveloppera tous ; vous voulez vous préparer à me dire des mensonges et des faussetés, en attendant que les temps soient changés. C'est pourquoi dites-moi le songe, et je saurai si vous êtes capables de m'en donner l'explication. Les Chaldéens répondirent au roi : Il n'est personne sur la terre qui puisse dire ce que demande le roi ; aussi jamais roi, quelque grand et puissant qu'il ait été, n'a exigé une pareille chose d'aucun magicien, astrologue ou Chaldéen. Ce que le roi demande est difficile ; il n'y a personne qui puisse le dire au roi, excepté les dieux, dont la demeure n'est pas parmi les hommes* ». Les magiciens, les astrologues, les enchanteurs et les Chaldéens ne pouvaient pas comprendre et ni expliquer ce que Dieu avait tenu secret.

Permettez-moi nous dire une chose ; le monde de ténèbres ne connaît pas tout ce que le Seigneur tient caché, car tout ce que le Seigneur tient caché, est scellé. Il ne le découvre que lorsque le Seigneur le descelle et le met à la portée de son peuple ou à la portée de concernés, donc de ceux à qui cela est destiné. C'est à moment-là que les autres dont les devins, les sorciers, les magiciens etc... les découvrent aussi. Les choses cachées restent vraiment cachées à tout le monde aussi longtemps que le Seigneur ne les dévoile pas. Tout ce que les devins, les magiciens et consort découvrent, nous chrétiens ayant l'esprit de révélation, le Saint Esprit, nous pouvons aussi les découvrir parce que cela est à la portée de tout le monde. D'ailleurs c'est grâce à nous qu'ils arrivent souvent à connaitre les choses cachées. Vu que le Seigneur les met à découverts pour nous et cela suite à nos prières. Dans la Bible nous voyons les mages connaitre le lieu de la naissance du Christ grâce à l'étoile et aux scribes, sinon ils n'allaient pas le savoir. La bible dit : « *Jésus étant né à Bethlehem en Judée, au temps du roi Hérode, voici des mages d'Orient arrivèrent à Jérusalem, et dirent : Où est le roi des Juifs qui vient de naître ? car nous avons vu son étoile en Orient, et nous sommes venus pour l'adorer. Le roi Hérode, ayant appris cela, fut troublé, et tout Jérusalem avec lui. Il assembla tous les principaux sacrificateurs et les scribes du peuple, et il s'informa auprès d'eux où devait naître le Christ. Ils lui dirent: A Bethlehem en Judée; car voici ce qui a été écrit par le prophète : Et toi, Bethlehem, terre de Juda, Tu n'es certes pas la moindre entre les principales villes de Juda, Car de toi sortira un chef Qui paîtra Israël, mon peuple* » (Mt 2 : 1-6). Si les mages ont vu l'étoile du Christ c'est parce que le Seigneur l'avait dévoilé pour faire connaitre la naissance de Jésus aux hommes, sinon ils n'allaient pas la voir. Pour preuve, lorsque le Seigneur l'avait fait disparaître, ils ne pouvaient plus la revoir jusqu'à ce qu'il l'a fait apparaître de nouveau (Mt 2 : 9-10). Même pour connaître le lieu où le Christ devrait naitre, ils se sont recourus aux principaux sacrificateurs et aux scribes pour cela selon la prophétie y référente contenue dans les écritures. La Bible dit : « *Toute la révélation est pour vous comme les mots d'un livre cacheté que l'on donne à un homme qui sait lire, en disant : lis donc cela ! Et qui répond : Je ne le puis, car il est cacheté ; ou comme un livre que l'on donne à un homme qui ne sait pas lire, en disant : Lis donc cela ! Et qui répond : je ne sais pas lire* » (Esaïe 29 : 11-12). Pour que la révélation soit comprise, il faut que le Seigneur la descelle ou la dévoile.

Un chrétien ne doit pas aller chercher à connaitre les choses cachées chez un devin ou chez un soit disant prophète. Ce qu'il doit chercher c'est l'esprit de révélation de la part du Seigneur pour qu'il soit lui-même à mesure de connaitre les choses cachées. C'est ainsi que l'apôtre Paul dit dans son épitre aux Ephésiens, je cite : « *je ne cesse de rendre grâces pour vous, faisant mention de vous dans mes prières, afin que le Dieu de notre Seigneur Jésus-Christ, le Père de gloire, vous donne* ***un esprit de sagesse*** *et* ***de révélation****, dans sa connaissance* » (Eph 1 : 16-17). D'ailleurs c'est la volonté de Dieu de nous faire connaitre les choses cachées. Nous devons seulement le consulter par l'entremise de son Esprit Saint et il le fera si nous le cherchons de tout notre cœur.

Chapitre 2 : L'IMPORTANCE DE LA RÉVÉLATION

La révélation est très importante pour une bonne marche chrétienne, elle est comparable à une lampe qui brille dans une profonde obscurité et qui éclaire tout autour. Elle est aussi comparable au frein qui permet à un véhicule de s'arrêter lorsqu'il le faut ou lorsqu'il se trouve dans une mauvaise posture. L'apôtre Paul, après avoir entendu parler de la foi des Ephésiens en Christ et de leur l'amour les uns vis-à-vis des autres, remercie Dieu pour cela et ensuite, il demande à Dieu de leur donner un esprit de révélation et de sagesse (Ephésiens 1 :15-17), pourquoi cela ?

1. ***C'est parce que la révélation permet d'entretenir notre foi en Christ et notre amour pour le Seigneur et pour le prochain.***

Sans l'esprit de révélation et de sagesse, la foi et l'amour sont susceptibles de faire naufrage. La révélation permet d'entretenir la foi au Seigneur et l'amour pour le Seigneur et le pour prochain. Beaucoup de chrétiens ont bien commencé dans la foi et dans l'amour mais par manque de révélation, leur foi et leur amour ont fini par disparaître. La révélation entretien notre foi dans le Seigneur, elle l'affermie et la garde toujours vivante. La bible déclare que la foi vient de ce qu'on entend et ce qu'on entend vient de la parole de Christ (Rom 10 : 17). La révélation de la parole du Seigneur nous éclaire, elle nous donne de l'intelligence (Psaumes 119 : 130). Oui la lumière que nous apporte la révélation de la parole de Dieu, rend notre foi ferme et inébranlable, et permet à notre amour pour le Seigneur et pour les autres à résister à toute épreuve. C'est à cause du manque de la révélation que beaucoup de chrétiens de nos jours acceptent de se faire corrompre et ils abandonnent facilement la foi. Dans l'histoire de l'Eglise, il y a eu des chrétiens qui ont acceptés de mourir comme des martyrs à cause de la révélation qu'ils avaient du Christ et de leur amour envers lui. Ils n'ont pas accepté d'abandonner leur foi ni leur amour pour le Seigneur et pour les autres. Ils sont morts brulés vifs, déchiquetés par des bêtes féroces suite aux révélations qu'ils ont eu de la part du Seigneur (Hébreux 11 : 34-40). Que dire Moïse ! la bible dit : « *C'est par la foi que Moïse, devenu grand, refusa d'être appelé fils de la fille de Pharaon, aimant mieux être maltraité avec le peuple de Dieu que d'avoir pour un temps la jouissance du péché, regardant l'opprobre de Christ comme une richesse plus grande que les trésors de l'Égypte, car il avait les yeux fixés sur la rémunération.*

C'est par la foi qu'il quitta l'Égypte, sans être effrayé de la colère du roi ; car il se montra ferme, comme voyant celui qui est invisible. C'est par la foi qu'il fit la Pâque et l'aspersion du sang, afin que l'exterminateur ne touchât pas aux premiers-nés des Israélites ». Parlant de la foi de Moïse, la bible dit clairement que sa foi était fondée sur deux choses qui sont : *l'opprobre de Christ* et *la rémunération*. Posons-nous cette question : comment Moïse a pu voir l'opprobre du Christ, lui qui a vécu plusieurs siècles avant la venue de Christ sur la terre ? et comment a-t-il su qu'il y avait une rémunération qui l'attendait ? tout cela était par la révélation qu'il avait reçu de Dieu. Dieu lui a révélé l'opprobre dont le Christ serait l'objet et la rémunération qui l'attendait après qu'il aurait marché et accompli la mission lui confiée par Dieu (Esaïe 53 : 12). C'était la révélation qui a soutenu sa foi en Dieu et son amour pour le Seigneur et pour les enfants d'Israël jusqu' à refuser d'être appelé le fils de la fille du pharaon. Donc, la révélation est très importante car elle nous permet de maintenir notre foi et notre amour pour le Seigneur.

2. *C'est parce que notre Dieu est un Dieu qui se cache*

Il est clairement dit dans Esaïe 45 :15 ce qui suit : « *Mais tu es un Dieu qui te caches, Dieu d'Israël, sauveur !* » Comment peut-on marcher avec un Dieu qui se cache et qui cache des choses sans la révélation ? La Bible dit que les voies de Dieu sont insondables et au-dessus de nos voies, alors comment marcher dans ses voies si nous n'avons pas la révélation de ses voies ? Notre Dieu pour marcher avec lui, il faut l'esprit de révélation. Sans la révélation, il est difficile si pas impossible de le connaitre et de connaitre ses voies. C'est pour cela que le Seigneur Jésus Christ a dit : « *personne ne connait le Père si ce n'est que le Fils et celui à qui le Fils veut le révéler* » (Mt 11 : 27). On ne peut connaitre Dieu que par la révélation, d'ailleurs son Nom YHVH (Yahvé) veut dire « *le Dieu qui se révèle ou le Dieu qui se manifeste* ». Dans Ps 103 : 7, la bible dit : *« révéla ses desseins à Moïse, aux enfants d'Israël ses hauts faits* » (bible de Jérusalem). Pour que le grand Moïse marche avec le Seigneur, il a passé du temps dans la prière et dans le jeûne plusieurs fois pour connaitre les voies de Dieu. Et la bible dit dans Nombres 12 : 6-8 : « *Et il dit : Écoutez bien mes paroles ! Lorsqu'il y aura parmi vous un prophète, c'est dans une vision que moi, l'Éternel, je me révélerai à lui, c'est dans un songe que je lui parlerai. Il n'en est pas ainsi de mon serviteur Moïse. Il est fidèle dans toute ma maison. Je lui parle bouche à bouche, je me révèle à lui sans énigmes, et il voit une représentation de l'Éternel. Pourquoi donc n'avez-vous pas craint de parler contre mon serviteur, contre Moïse ?* ». Un jour une maman m'a posé la question de savoir comment Moïse qui n'était pas là lorsque le Seigneur créait a pu relater l'histoire de la création ? Je lui ai répondu en disant que c'est par la révélation qu'il a su toutes ces choses.

3. *C'est parce que notre Dieu cache des choses.*

La bible dit dans 1Cor 2 : 9-10 : « *mais, comme il est écrit, ce sont des choses que l'œil n'a point vues, que l'oreille n'a point entendues, et qui ne sont pas montées au cœur de l'homme, des choses que Dieu a préparées pour ceux qui l'aiment. Dieu nous les a révélées par l'Esprit. Car l'Esprit sonde tout, même les profondeurs de Dieu* », dans Jérémie 29 : 11, l'Eternel dit : « *Car je connais les projets que j'ai formés sur vous, dit l'Éternel, projets de paix et non de malheur, afin de vous donner un avenir et de l'espérance* » et dans Ephésiens 2 : 10 la bible déclare : « *Car nous sommes son ouvrage, ayant été créés en Jésus-Christ pour de bonnes œuvres, que Dieu a préparées d'avance, afin que nous les pratiquions* ». Et pourtant toutes ces choses ; les projets formés pour nous, les bonnes œuvres préparées d'avance, ainsi de suite, restes cachées pour nous et le seul moyen pour nous de les connaitre c'est la révélation. La Bible dit que Dieu nous les révèle par son Esprit. Donc la révélation est très importante car elle conditionne la réception et la possession des choses que Dieu a prévu de nous donner. Raison pour laquelle nous devons soupire après l'esprit de révélation comme une biche qui soupire après un courant d'eau.

Avant que le Seigneur nous donne quoique ce soit, il commence d'abord par nous le révéler, car nous ne pouvons posséder que ce qui nous a été révélé.

4. *C'est parce que la révélation constitue la sécurité routière d'un chrétien pendant sa marche.*

La marche chrétienne, sa réussite ou son échec, ses exploits ou ses défaites sont étroitement liés à la révélation. La Bible dans Proverbes 29 : 18 dit ceci ; « *quand il n'y a pas de révélation, le peuple est sans frein…* ». La révélation est considérée comme étant le frein de la marche chrétienne. Elle permet de s'arrêter quand il faut s'arrêter, de continuer quand il faut continuer et de changer de direction s'il le faut. Nous savons tous qu'un véhicule qui n'a pas de freins fera beaucoup d'accidents et en causera aussi beaucoup à d'autres véhicules qui sont dans son voisinage. Ceci est la même chose avec un chrétien qui marche sans révélation, il fera beaucoup de dégâts dans sa vie et il en causera aussi autant chez les autres qui marchent ensemble avec lui. Voilà pourquoi, il faut toujours chercher à marcher aux côtés de ceux qui ont la révélation car ils seront une source de vie et de bénédiction pour nous. Ils vont nous sécuriser dans notre marche. Mais si par contre nous marchons aux côtés de ceux qui n'ont pas l'esprit de révélation, nous allons nous mettre en danger et nous finir par nous détruire.

5. *C'est parce que la révélation limite le niveau de notre connaissance*

C'est un principe irréfutable ; l'homme ne peut pas s'élever au-dessus de sa connaissance et il ne peut pas connaître au-dessus de ce qui lui a été révélé. L'homme est ce qui lui a été révélé et ne possède que ce qui lui a été révélé. Donc c'est la révélation qui détermine ce que l'homme est et ce qu'il a. La différence entre l'apôtre Pierre et Judas Iscariote résidait dans la révélation. Après avoir renié le Maitre, l'apôtre Pierre comme il avait la révélation de Jésus Christ, a pleuré et s'est repenti. Par contre Judas après avoir trahi le Seigneur Jésus Christ s'est pendu parce qu'il n'avait pas la révélation de Jésus. De même, la différence entre l'apôtre Pierre et l'apôtre Paul résidait au niveau de la révélation du Christ, quoique Pierre a vécu physiquement avec Christ et c'est à lui aussi que Christ a donné les clés du royaume, mais par rapport à l'Église (ministère), nous voyons que c'est l'apôtre Paul qui a beaucoup travaillé et qui a aussi beaucoup écrit. Il le dit dans 1 Cor 15 : 10 : « *Par la grâce de Dieu je suis ce que je suis, et sa grâce envers moi n'a pas été vaine ; loin de là, j'ai travaillé plus qu'eux tous, non pas moi toutefois, mais la grâce de Dieu qui est avec moi* ». Pourquoi cela ? C'est parce que l'apôtre Paul avait un niveau élevé en révélation. Paul a fait tout ce qu'il a fait non pas parce qu'il était chez Gamaliel, sinon les autres apôtres feront plus que lui parce que Christ est au-dessus de Gamaliel mais il a fait tout cela à cause de la révélation. Dans Gal 1 :11-12, 15-16, il est dit : « *Je vous déclare, frères, que l'Evangile qui a été annoncé par moi n'est pas de l'homme ; car je ne l'ai ni reçu ni appris d'un homme, mais par une révélation de Jésus-Christ. Mais, lorsqu'il plut à celui qui m'avait mis à part dès le sein de ma mère, et qui m'a appelé par sa grâce, de révéler en moi son Fils, afin que je l'annonçasse parmi les païens, aussitôt, je ne consultai ni la chair ni le sang* ». Tout le ministère de l'apôtre Paul était basé sur la révélation du Christ et de la révélation du mystère caché de Dieu. Voilà pourquoi, comprenant l'impact de la révélation dans sa vie, il prie et demande à Dieu de donner l'esprit révélation et de sagesse aux Ephésiens (Ephésiens 1 : 15-17). De nos jours, l'esprit de révélation fait défaut dans le chez de beaucoup d'enfants de Dieu.

Pour ouvrir une porte physique il faut une clé, de même pour ouvrir une porte spirituelle, il faut une révélation. Les révélations sont des clés qui ouvrent les portes spirituelles. Sans la révélation, il impossible d'ouvrir les portes spirituelles. Nous voyons cela lorsque l'apôtre Pierre a reçu la révélation sur Christ, le Seigneur Jésus Christ lui a donné les clés du royaume ouvrir et pour fermer, or ces clés n'étaient rien d'autre que cette révélation du Christ qu'il avait reçu de la part du Père céleste et nous le voyons dans son usage. Lorsque dans Mt 16 : 19, Jésus dit : « *je te donnerai les clés du royaume des cieux, tout ce que tu lieras sur la terre sera lié au ciel et tout ce que tu délieras sur la terre, sera délié au ciel* ». Il voulait tout simplement dire à Pierre qu'avec cette révélation de moi que tu as reçu, tu vas ouvrir le royaume des cieux. Tous ceux que tu y excluras seront exclus et tous ceux que tu y accueilleras seront accueillis, et nous voyons l'apôtre Pierre utilisé cette révélation du Christ le jour de la pentecôte et 3000 personnes ont été permis à entrer dans le royaume des cieux. Et tout au long du ministère de l'apôtre Pierre, c'est cette révélation qu'il a utilisée. Dans Actes 4 : 8-20, il l'a utilisé pour faire marcher le paralytique et dans Actes 10 : 25-48, chez Corneille le centenier Romain pour lui permettre et toute sa maison à entrer dans le royaume de cieux.

Mes bien-aimés, Dieu attache une grande importance à la révélation, que personne ne nous trompe. C'est vrai qu'il y a aussi des fausses révélations et Dieu le sait, voilà pourquoi il nous a donné son Esprit pour que celui-ci nous aide à discerner ce qui vient de Lui et ce qui ne vient pas de Lui.

Tous peuvent être enfants ou serviteurs de Dieu, tous peuvent être oints mais c'est la révélation qui fait la différence. C'est pour cela que nous voyons des disputes et des querelles entre enfants de Dieu ou entre serviteurs de Dieu, les uns traitant les autres des faux, pourquoi ? C'est parce que les uns ont la révélation que les autres n'ont pas. Nous voyons beaucoup de gens commettre l'erreur de croire que, ce que les autres croient, comprennent et vivent est faux parce que eux ne le croient pas, ne le comprennent pas et ne le vivent pas. L'honnêteté exige que lorsqu'on se trouve en face de ce qu'on ne comprend pas, de ce qu'on ne croit pas et de ce qu'on ne vit pas, qu'on puisse demander la révélation à Dieu avec un cœur sincère bien disposé. Il y a des choses auxquelles nous autres nous n'y croyons pas au début de notre foi, c'est tout simplement parce que nous n'avions pas la révélation divine sur ces choses-là, mais aujourd'hui par la grâce de Dieu, nous y croyons et cela suite à la révélation des écritures que le Seigneur nous a donné par son Saint Esprit.

Nous ne pouvons pas marcher avec Dieu sans révélation et cela dans n'importe quel domaine de la vie, car il est un Dieu mystérieux et qui se cache, et personne ne peut le connaitre et connaitre ses voies sans la révélation. Christ le dit : personne ne connaît le Père si ce n'est que le Fils, et celui à qui le Fils veut le révéler. Là où il n'y a pas la révélation, la foi est statique, stéréotypée, mythique et illusoire mais pas dynamique. Comme conséquence, elle ne pourra pas sauver. C'est pour cela que vous verrez des chrétiens qui vont à l'église mais en cas de problème, ils vont voir les diseuses des bonnes aventures, les voyants, etc… pour savoir ce qui ne va pas. Nous devons chercher la révélation par le Saint-Esprit et avec le Saint Esprit.

Lorsque nous analysons très bien les dons spirituels que donne le Saint Esprit, nous verrons que les autres dons ; les dons vocaux et les dons de puissance ont comme soubassement les dons de révélation. En d'autre terme, ils fonctionnent bien à partir des dons de révélation. La foi qui est née de la révélation et qui se fonde sur la révélation, demeurera ferme et inébranlable car la révélation demeurera son repère quelque soient les épreuves qui peuvent subvenir.

Chapitre 3 : POURQUOI DIEU DONNE- T-IL LA RÉVÉLATION ?

Nous avons vu à l'introduction que Dieu ne fait pas des choses qu'il ne nous a pas révélé d'avance, il nous les révèle toujours avant de les faire. Dans Amos 3 : 8 la Bible dit : « *Ainsi, le Seigneur, l'Eternel, n'accompli rien sans avoir d'abord révèle ses plans à ses serviteurs, les prophètes* » (version Semeur). Dieu révèle d'abord ce qu'il compte faire et il le fait pour plusieurs raisons qui sont :

1. ***Pour se glorifier***

Es 25 :1 « *O Eternel ! Tu es mon Dieu ; je t'exalterai, je célébrerai ton nom, car tu as fait des choses merveilleuses ; tes desseins conçus à l'avance se sont fidèlement accomplis* », Es 46 : 10, « *J'annonce dès le commencement ce qui doit arriver, et longtemps d'avance ce qui n'est pas encore accompli ; je dis : mes arrêts subsisteront, et j'exécuterai toute ma volonté.* », Es 41 : 26, « *qui l'annoncé dès le commencement, pour que nous le sachions, et longtemps d'avance, pour que nous disions : c'est vrai ? Nul ne l'a annoncé, nul ne l'a prédit, et personne n'a entendu vos paroles* ». Le Seigneur révèle les choses avant leur accomplissement pour qu'il se glorifie lorsque cela se réaliseront. Il le fait enfin que personne d'autre ne puisse en tirer gloire, et que l'on sache que c'est lui qui a fait cela car il l'avait annoncé d'avance. L'Eternel est jaloux de sa gloire et il ne la partage avec personne d'autre. Il tient vraiment à garder sa gloire pour lui seul car il se revêt de la gloire comme vêtement et il veut ce vêtement de gloire ne soit uniquement que pour lui.

2. ***Parce que la révélation conditionne la marche d'une personne ou d'un peuple (Prov 29 : 18a)***

Nous avons eu à le dire précédemment que la révélation a une influence sur la marche d'un chrétien, elle la conditionne. Là où elle est la marche du chrétien est sécurisée par contre là où elle n'y est pas, c'est la mort qui s'ensuivra car on se conduira sans frein. La révélation permet d'éviter les accidents de parcours, elle rend sage, intelligent et prudent, et nous préserve de toute chute car elle permet de voir le mal de loin. La révélation nous équipe et nous qualifie.

3. ***Parce que la révélation nous prépare et nous dispose à recevoir ce que Dieu veut accomplir***

La bible dit dans Luc 1 :28-36, ce qui suit : « *L'ange entra chez elle, et dit : Je te salue, toi à qui une grâce a été faite ; le Seigneur est avec toi. Troublée par cette parole, Marie se demandait ce que pouvait signifier une telle salutation. L'ange lui dit : Ne crains point, Marie ; car tu as trouvé grâce devant Dieu. Et voici, tu deviendras enceinte, et tu enfanteras un fils, et tu lui donneras le nom de Jésus. Il sera grand et sera appelé Fils du Très-Haut, et le Seigneur Dieu lui donnera le trône de David, son père. Il régnera sur la maison de Jacob éternellement, et son règne n'aura point de fin. Marie dit à l'ange : Comment cela se fera-t-il, puisque je ne connais point d'homme ? L'ange lui répondit : Le Saint-Esprit viendra sur toi, et la puissance du Très-Haut te couvrira de son ombre. C'est pourquoi le saint enfant qui naîtra de toi sera appelé Fils de Dieu. Voici, Elisabeth, ta parente, a conçu, elle aussi, un fils en sa vieillesse, et celle qui était appelée stérile est dans son sixième mois* ». A la lumière de ce passage, nous pouvons dire que si Dieu nous révèle les choses avant de nous les donner c'est parce qu'il veut notre collaboration. Dieu fait participer toujours l'homme dans tout ce qu'il fait d'une manière ou d'une autre. Dans ce que Dieu fait dans la vie de l'homme, il y a la part de Dieu et la part de l'homme. Dieu révèle les choses pour que l'homme sache ce que Dieu attend de lui et ce qui doit être sa contribution. Cette contribution va consister à la confiance que l'homme doit avoir envers lui et son engagement dans la réalisation de ce que Dieu lui révèle.

Beaucoup de révélations ne se sont pas accomplies ou tardent de s'accomplir parce que l'homme ne connait pas sa part donc ce qui doit faire pour que cela s'accomplisse et il ne s'engage pas pour son accomplissement. Nous voyons Marie posée la question à l'ange pour savoir comment cela va s'accomplir car elle ne connait pas d'homme. Cela signifie qu'elle avait réalisé qu'elle devrait participer à l'accomplissement cette révélation mais de quelle manière ? Au moins elle était consciente de sa participation pour l'accomplissement de cette révélation. Nous pouvons ajouter l'exemple de Manoach, le père de Samson lorsque l'ange a visité sa femme et lui annoncé la naissance de Samson. Manoach le père de Samson à poser la question à l'ange pour savoir ce qu'ils devraient quand cela se réalisera, quelle sera leur part (Juges 13 : 8-13).

4. ***Parce que la révélation nous permet de voir si nous avons des atouts ou non par rapport à ce que Dieu attend de nous, elle nous montre le prix à payer, s'il y en a et si nous sommes capables de le payer***

Dans Mt 1 :19-23, il est dit : « *Joseph, son époux, qui était un homme de bien et qui ne voulait pas la diffamer, se proposa de rompre secrètement avec elle. Comme il y pensait, voici, un ange du Seigneur lui apparut en songe, et dit : Joseph, fils de David, ne crains pas de prendre avec toi Marie, ta femme, car l'enfant qu'elle a conçu vient du Saint-Esprit ; elle enfantera un fils, et tu lui donneras le nom de Jésus ; c'est lui qui sauvera son peuple de ses péchés. Tout cela arriva afin que s'accomplît ce que le Seigneur avait annoncé par le prophète : Voici, la vierge sera enceinte, elle enfantera un fils, Et on lui donnera le nom d'Emmanuel, ce qui signifie Dieu avec nous* ». Dieu a révélé à Joseph ce qu'il voulait faire pour le préparer et le disposer à accepter de payer le prix. Joseph devrait payer le prix de prendre en mariage une femme qui a déjà perdu sa virginité et qui a un enfant d'un autre père. Vu que cela était une honte en Israël d'épouser une femme qui n'est pas vierge. Raison pour laquelle il cherchait à rompre avec Marie en secret sans la déshonorer. Et le Seigneur lui a donné la révélation enfin de le disposer à accepter situation honteuse selon les hommes.

5. ***Parce que la révélation nous permet de connaitre nos limites et de réaliser ce qui nous fait défaut en vue de le demander à Dieu***.

Nous lisons dans le livre d'Exode que ; lorsque le Seigneur est apparu à Moïse pour l'envoyer auprès de Pharaon enfin de lui demander de laisser aller les enfants d'Israël, Moïse objecta en réalisant son incapacité de parler et il demanda à Dieu d'envoyer quelqu'un d'autre de plus capable que lui pour le faire. Ce qu'il ignora était que le Seigneur l'a voulu ainsi pour qu'il prenne conscience de sa difficulté à s'exprimer et de lui demander son aide. Voyons cela dans Exode 3,13-14 ; « *Moïse dit à Dieu : J'irai donc vers les enfants d'Israël, et je leur dirai : Le Dieu de vos pères m'envoie vers vous. Mais, s'ils me demandent quel est son nom, que leur répondrai-je ? Dieu dit à Moïse : Je suis celui qui suis. Et il ajouta : C'est ainsi que tu répondras aux enfants d'Israël : Celui qui s'appelle 'Je suis' m'a envoyé vers vous* », et dans Exode 4 :10-16 ; « *Moïse dit à l'Eternel : Ah ! Seigneur, je ne suis pas un homme qui ait la parole facile, et ce n'est ni d'hier ni d'avant-hier, ni même depuis que tu parles à ton serviteur ; car j'ai la bouche et la langue embarrassées. L'Eternel lui dit : Qui a fait la bouche de l'homme ? Et qui rend muet ou sourd, voyant ou aveugle ? N'est-ce pas moi, l'Eternel ? Va donc, je serai avec ta bouche, et je t'enseignerai ce que tu auras à dire. Moïse dit : Ah ! Seigneur, envoie qui tu voudras envoyer Moïse dit : Ah ! Seigneur, envoie qui tu voudras envoyer. Alors la colère de l'Éternel s'enflamma contre Moïse, et il dit : N'y a-t-il pas ton frère Aaron, le Lévite ? Je sais qu'il parlera facilement. Le voici lui-même, qui vient au-devant de toi ; et, quand il te verra, il se réjouira dans son cœur Tu lui parleras, et tu mettras les paroles dans sa bouche ; et moi, je serai avec ta bouche et avec sa bouche, et je vous enseignerai ce que vous aurez à faire. Il parlera pour toi au peuple ; il te servira de bouche, et tu tiendras pour lui la place de Dieu* ».

De même avec les enfants d'Israël, le Seigneur demande à Moïse d'envoyer douze espions à raison d'un par tribu d'Israël, pour aller explorer la terre promise. Ils sont allés et ils sont revenus avec les échantillons de ce qu'ils ont trouvé dans la terre promise mais aussi avec un discours négatif. Dans Nombres 13 : 31-33, la bible dit : « *Mais les hommes qui y étaient allés avec lui dirent : Nous ne pouvons pas monter contre ce peuple, car il est plus fort que nous. Et ils décrièrent devant les enfants d'Israël le pays qu'ils avaient exploré. Ils dirent : Le pays que nous avons parcouru, pour l'explorer, est un pays qui dévore ses habitants ; tous ceux que nous y avons vus sont des hommes d'une haute taille ; et nous y avons vu les géants, enfants d'Anak, de la race des géants : nous étions à nos yeux et aux leurs comme des sauterelles* ». Si le Seigneur avait permis que les enfants d'Israël rencontrent les fils d'Anak au pays de Canaan, c'était pour les amener à réaliser leurs limites et leurs incapacités pour enfin lui demander son soutien sans lequel ils ne pouvaient rien faire, mais malheureusement ils n'ont pas compris cela. Beaucoup de révélations ne se sont pas accomplies parce que ceux à qui elles étaient destinées avaient mis en avant plan leur faiblesse, leur limite au lieu de les présentées au Seigneur pour que celui-ci puisse palier à cela. La bible dit le livre de Zacharie ceci : « *ni par force, ni par puissance mais c'est par mon Esprit dit l'Eternel* » (Zacharie 4 : 6), et dans Esaïe : « *Eternel, tu nous donnes la paix ; Car tout ce que nous faisons, C'est toi qui l'accomplis pour nous* » (Es 26 :12).

Chapitre 4 : COMMENT RECEVOIR LA REVELATION

Les préalables pour recevoir la révélation.

Il y a des conditions à remplir pour recevoir la révélation. La bible dit que le Seigneur nous parle tantôt d'une manière, tantôt d'une autre, et l'on n'y prend point garde (Job 33 : 14). Pour recevoir la révélation de la part du Seigneur, il faut que nous soyons attentionnés avec les yeux ouverts et les oreilles exercées à l'écoute du Seigneur.

1. Avoir les yeux ouverts.

Actes 26 :17-18, « *Je t'ai choisi du milieu de ce peuple et du milieu des païens, vers qui je t'envoie, afin que tu leur ouvres les yeux, pour qu'ils passent des ténèbres à la lumière et de la puissance de Satan à Dieu, pour qu'ils reçoivent, par la foi en moi, le pardon des péchés et l'héritage avec les sanctifiés* ». C'est la mission que le Seigneur donne à l'apôtre Paul. Cette mission va consister pour Paul à ouvrir les yeux de païens. Pourquoi le Seigneur veut que les yeux de païens qui se convertissent au christianisme soient ouverts ? C'est parce que si leurs yeux ne sont pas ouverts, ils auront du mal à comprendre les mystères du royaume de cieux. Ils devraient avoir les yeux ouverts pour que cela leur permettent de passer des ténèbres à la lumière et de la puissance de Satan à Dieu.

Il est un principe immuable, on ne peut pas évoluer sur le plan spirituel quel que soit le bord dans lequel on se trouve, lorsqu'on n'a pas les yeux spirituels ouverts. Cela est impossible. C'est pour cela que lorsqu'on intègre un mouvement spirituel, la première chose que l'on vous fera c'est de vous ouvrir les yeux spirituels. Vous devez subir des initiations qui vont permettre à vos yeux de s'ouvrir, sans cela il vous sera difficile de faire de progrès dans cette voie.

Et l'Éternel Dieu qui est le Maitre des esprits et qui a la maitrise de ce principe, étant donné que cela a été établi par lui-même, convie l'apôtre Paul à cette tâche. Il le choisit et l'envoi auprès de païens pour qu'ils se convertissent au christianisme, en leurs ouvrant les yeux spirituels pour leurs permettre de voir dans le spirituel et de recevoir la révélation sur Jésus Christ.

Mais il est malheureux de constater que cela est le cadet de soucis des envoyés de Dieu et de ceux envers qui ils sont envoyés. Le Seigneur Jésus l'a si bien dit : « les enfants de ce siècle sont plus prudents que les enfants de Dieu (Luc 16 :8). Parce qu'ils cherchent à avoir les yeux ouverts spirituellement que les enfants de Dieu. Comment peuvent-ils avoir des révélations avec les yeux spirituels qui sont fermés ?

Le Seigneur a posé la question aux prophètes Jérémie (Jer 1 : 11, 13) et Zacharie (Zach 5 : 2 ; 6 : 8), que vois-tu ? On ne peut demander cela qu'à la personne qui a les yeux ouverts, une personne qui a les yeux fermés ne peut pas voir. Dans 1 Samuel 28 : 13, le roi Saül pose la question à la femme médium ; « que vois-tu ? La femme dit à Saül je vois un dieu qui monte de la terre ». Cette femme médium avait les yeux ouverts pour un dieu qui montait de la terre par contre le roi lui n'a rien vu comme ses yeux étaient fermés.

Chaque enfant de Dieu doit faire tout ce qui est dans son pouvoir pour que le Seigneur lui ouvre les yeux spirituellement. Tout responsable d'une église locale ou d'un ministère quelconque doit avoir les soucis de voir les yeux de leurs membres et fidèles s'ouvrir car la compréhension de la parole de Dieu en dépend, comme nous pouvons le constater dans Luc 24 : 31, 45 ; le Seigneur Jésus ouvre les yeux de disciples pour qu'ils le reconnaissent et comprennent les écritures.

2. Avoir les oreilles ouvertes

Il ne suffit pas d'avoir les yeux ouverts mais il faut aussi avoir les oreilles ouvertes car lorsque le Seigneur montre les choses, il parle aussi. Dans Esaïe 50 : 4, le prophète dit : « *Le Seigneur, l'Éternel, m'a donné une langue exercée, Pour que je sache soutenir par la parole celui qui est abattu ; Il éveille, chaque matin, il éveille mon oreille, Pour que j'écoute comme écoutent des disciples* ». Un chrétien doit avoir une oreille ouverte et exercée pour recevoir une révélation de la part du Seigneur. Dans Es 30 :21, le Seigneur dit : « *Tes* ***oreilles*** *entendront derrière toi la voix qui dira : Voici le chemin, marchez-y ! Car vous iriez à droite, ou vous iriez à gauche* ». Celui qui a les oreilles qui entendent c'est celui qui recevra la révélation de la part du Seigneur. Pour cela nous devons prier pour demander à Dieu d'éveiller nos oreilles pour que nous entendions ce qu'il nous révèle.

Le Seigneur associe toujours les oreilles aux yeux, il ne suffit pas seulement avoir les yeux qui voient mais il faut aussi avoir les oreilles qui entendent. Dans Es 32 : 3 le Seigneur dit : « *Les yeux de ceux qui voient ne seront plus bouchés, Et les oreilles de ceux qui entendent seront attentives* » et dans Es 35,5 ; « *Alors s'ouvriront les yeux des aveugles, S'ouvriront les oreilles des sourds* ». Le Seigneur veut que les yeux et les oreilles de son peuple soient ouverts sinon ils leur seront difficiles de le connaitre et de connaitre ses voies.

3. Comment recevoir la révélation ?

Nous allons essayer de résumer cela en deux phrases qui sont :

- Monte ici et je te montrerai les choses
- Lever les yeux et regarder

C'est lorsque nous sommes dans la prière, dans l'écoute ou la méditation de la Parole de Dieu et dans le jeûne que le Seigneur nous adresse ces deux phrases ou soit l'une ou l'autre. Ce sont là les cadres idéals dans lesquels nous pouvons monter ici pour voir ou nous pouvons lever les yeux pour regarder. Donc nous recevons la révélation lorsque nous montons ou levons les yeux dans la prière, dans la lecture ou la méditation de la parole de Dieu, dans le jeûne.

1. Monte ici et je te montrerai les choses

Apocalypse 4 : 1 : « *Après cela, je regardai, et voici, une porte était ouverte dans le ciel. La première voix que j'avais entendue, comme le son d'une trompette, et qui me parlait, dit : Monte ici, et je te ferai voir ce qui doit arriver dans la suite* ». Nombres 13 : 17-18 : « *Moïse les envoya pour explorer le pays de Canaan. Il leur dit : Montez ici, par le midi ; et vous monterez sur la montagne. Vous verrez le pays, ce qu'il est, et le peuple qui l'habite, s'il est fort ou faible, s'il est en petit ou en grand nombre* ». Exode 19 : 3 : « *Moïse monta vers Dieu : et l'Eternel l'appela du haut de la montagne, en disant : Tu parleras ainsi à la maison de Jacob, et tu diras aux enfants d'Israël* »

Par montes ici, nous allons parler de deux dimensions spirituelles ;

- **La première dimension est la dimension d'une personne qui se trouve au point zéro**.

Le point zéro ici correspond au point de départ de la vie chrétienne, donc on a cru au Seigneur Jésus mais on ne progresse pas spirituellement dans sa vie chrétienne. Et le Seigneur lui demande de quitter ce niveau et de monter au niveau supérieur pour qu'il voie de choses cachées. C'est l'image d'une personne qui n'a pas une vie de prière normale. Pour lui, la prière est difficile et ennuyante, la prière ne lui dit pas grand-chose, donc la prière n'est pas son fort. Pas seulement la prière mais aussi la méditation de la Parole de Dieu et le jeûne ne lui intéressent pas. Une telle personne aura des difficultés pour recevoir des révélations de la part de Dieu. Si Dieu dans son amour et dans sa miséricorde, lui révèle des choses, elle aura des difficultés pour les saisir et elle risque même de les négliger. Elle ne saura pas avec certitude que c'est Dieu qui lui a parlé. C'est le genre de personnes lorsque le Saint-Esprit lui parle, vous l'entendrez dire : un esprit comme ça m'a parlé ou j'ai entendu une voix comme ça qui m'a dit ceci ou cela. La Bible dit ; mon peuple périt par manque de connaissance, mais ce genre de personnes périssent avec la connaissance (la révélation). Vous entendrez les autres dire à leur propos ; et pourtant Dieu lui avait révélé cela ! Non, monte mon frère, monte ma sœur car Dieu te veut à un niveau supérieur, tu es un aiglon et ta place se trouve dans les cimes de montagnes de l'Eternel.

Souvent nous attendons dire que ; je ne vois pas clair dans ma vie, pourquoi ceci m'arrive-t-il ? qu'ai-je fais pour connaitre une telle situation ? quel péché ai-je commis dans ma vie pour que tout ceci m'arrive ? on se pose mille et une questions. Mais ils ne comprennent pas que ces questions sont le langage de Dieu pour leur dire tout simplement ; monte ici. Monte ici est un appel pressant que le Seigneur fait à toute personne qui se trouve dans une situation compliquée et dont elle ne connait pas les tenants et les aboutissants. C'est une façon pour Dieu de les appeler à monter ici enfin de voir clair. Lorsque quelqu'un dit qu'il ne voit pas clair, cela veut dire que ; elle est en bas et elle doit monter. Car celui qui est en haut, a une vue assez large et voit plus loin que celui qui est en bas. A cette personne Dieu dit : monte ici car un peuple qui marche sans révélation se conduira sans frein. Sachons-le que, toutes les situations souvent difficiles et compliquées qui nous arrivent, constituent l'appel de Dieu à notre endroit pourque nous montions vers lui dans la prière.

- **La deuxième dimension est la dimension d'une personne qui se trouve à un certain niveau spirituel**

Ici, la personne n'est plus au point de départ, elle a déjà pris de l'ascension dans son envol mais le Seigneur la veut à un niveau beaucoup plus élevé que celui où elle se trouve. Nous devons savoir que toutes les révélations ne sont pas de même niveau, il y a des révélations de niveaux supérieurs et des révélations de niveaux inférieurs. Moïse pour recevoir la révélation sur la création, il est monté au sommet du mont Sinaï pendant quarante jours et quarante nuits. L'apôtre Paul pour avoir la révélation sur l'église, il est monté jusqu'au troisième ciel. À chaque niveau spirituel correspond une révélation.

Ici nous avons l'image d'une personne qui aime la prière, qui se donne au jeûne et à la méditation de la Parole de Dieu mais à qui le Seigneur demande plus de consécration et de concentration. C'est une personne qui doit mettre de côté certaine légèreté, certaine distraction, certaine négligence. A un certain niveau, on a tendance à s'habituer avec les choses de Dieu, et comme conséquence, la routine va élire domicile. Monte ici est un appel à sortir de la routine, de la distraction, de la négligence et de la légèreté pour plus de concentration.

Monte ici est aussi un appel à sortir des toutes sortes de satisfaction spirituelle pour désirer davantage de nouvelles expériences avec Dieu, donc chercher avoir plus de Dieu. Lorsque le Seigneur dit à Jean monte ici selon Apoc 4 :1, Jean se trouve déjà monté par l'Esprit dans le chapitre 1 :10-11 pour recevoir la révélation sur les sept églises, mais le Seigneur lui demande de monter encore, c'est pour lui dire que la révélation que tu vas recevoir maintenant est d'ordre supérieur, pour cela il faut aussi que soit à niveau supérieur.

Mêmement avec Moise dans Exode 24 :1-2, 9-18. Dans ce passage merveilleux, Dieu dit à Moise de monter vers lui avec Josué et les soixante-dix responsables d'Israël, Aaron, Nadal et Abihou. Mais toutes ces personnes ne vont pas monter toutes avec Moise au même niveau. Il y a de ceux qui vont rester au premier niveau de la révélation, donc Aaron, Nadal, Abihou et les soixante-dix responsables d'Israël. La bible dit dans Exode 24 : 1-2 ; « *Et il dit à Moïse : Monte vers l'Eternel, toi et Aaron, Nabab et Abihou, et soixante-dix des anciens d'Israël, et vous vous prosternerez de loin ; et Moïse s'approchera seul de l'Eternel ; mais eux ne s'approcheront pas, et le peuple ne montera pas avec lui* » et dans Exode 24 : 9-18 ; « *Moïse et Aaron, Nadab et Abihou, et soixante-dix des anciens d'Israël montèrent; et ils virent le Dieu d'Israël, et sous ses pieds comme un ouvrage de saphir transparent, et comme le ciel même en pureté. Et il ne porta point sa main sur les nobles d'entre les fils d'Israël : ils virent Dieu, et ils mangèrent et burent. Et l'Eternel dit à Moïse : Monte vers moi sur la montagne, et sois là ; et je te donnerai les tables de pierre, et la loi et le commandement que j'ai écrits pour les instruire. Et Moïse se leva, avec Josué qui le servait ; et Moïse monta sur la montagne de Dieu, et il dit aux anciens : Attendez-nous ici jusqu'à ce que nous revenions à vous ; et voici, Aaron et Hur sont avec vous : quiconque aura quelque affaire, qu'il aille à eux. Et Moïse monta sur la montagne, et la nuée couvrit la montagne. Et la gloire de l'Eternel demeura sur la montagne de Sinaï, et la nuée la couvrit pendant six jours ; et le septième jour il appela Moïse du milieu de la nuée. Et l'apparence de la gloire de l'Eternel était comme un feu dévorant sur le sommet de la montagne, aux yeux des fils d'Israël. Et Moïse entra au milieu de la nuée, et monta sur la montagne ; et Moïse fut sur la montagne quarante jours et quarante nuits* ».

Selon ce long passage, nous voyons le Seigneur catégoriser les différents niveaux d'ascension et les différentes personnes qui doivent accéder à ces niveaux d'ascension. Au premier niveau d'ascension, nous voyons Moïse et Aaron, Nadab et Abihou, et soixante-dix des anciens et Josué serviteur de Moïse. Et à ce niveau d'ascension, ils reçoivent la révélation de Dieu, ils virent le Dieu d'Israël, ils mangèrent et burent devant lui.

Au deuxième niveau de l'ascension, c'est Moïse qui monte avec Josué, et là ils reçoivent la révélation de la gloire de Dieu comme un feu dévorant. Ils voient le feu qui symbolisait la présence de Dieu et Dieu lui-même.

Au troisième niveau de l'ascension, c'est Moïse qui y accède seul et là, le Seigneur lui révèle les lois et les commandements pour instruire les enfants d'Israël. C'est qu'il reçoit l'ainsi dit l'Eternel pour communiquer aux enfants d'Israël et par ricochet à toute l'humanité. Dieu lui donne les décalogues, lui révèle l'origine de toutes choses et lui parle de la création, comment il a tout créé. Tout ce que nous connaissons de la création, lui a été communiqué à cet instant-là. Un jour, une maman m'a posé la question de savoir comment Moïse qui n'était pas encore créé, a connu tout ce qui s'est passé à la création ? c'est ici que se trouve la réponse à question. C'est quand il était monté sur la montagne que le Seigneur Eternel lui a tout révélé.

A la lumière de ce qui précède, nous comprenons qu'il y a des personnes qui sont appelés à monter plus que les autres, et ce sont les conducteurs, les leaders. Le Seigneur les veut très haut, à un niveau élevé de la montagne de Dieu, pourquoi pas au sommet de la montagne de Dieu ! Les conducteurs ne doivent pas se contenter du premier niveau de la révélation où ils voient la gloire de Dieu, mangent et boivent avec tout le monde, non ! Ils ne doivent pas non plus se contenter du deuxième niveau où ils voient la gloire de Dieu pendant six jours en compagnie de proches collaborateurs, non ! Mais Ils doivent viser le haut, ils doivent viser le troisième niveau de la révélation, le niveau où ils vont demeurer dans la nuée pour recevoir l'Ainsi dit l'Eternel à communiquer au peuple de Dieu.

Passons maintenant à notre deuxième phrase qui est : Levez les yeux et regarder.

2. *Levez les yeux et regardez*

Genèse 15 : 5 ; « *Après l'avoir conduit dehors, il dit : Regarde vers le ciel et compte les étoiles, si tu peux les compter. Il lui affirma : Telle sera ta descendance* ». Lorsque le Seigneur demande à Abraham de lever les yeux afin de voir les étoiles pour les compter, est ce que ces étoiles étaient-elles physiques ou spirituelles, Abraham devrait-il les voir physiquement ou spirituellement par révélation ? Si nous lisons le verset premier du chapitre 15, nous allons comprendre que Dieu était en train de parler avec Abraham en vision et cela pendant le jour. Donc, lorsque le Seigneur lui demande de compter les étoiles, il le lui demandait en vision. Abraham devrait voir ces étoiles par révélation. De deux, dans le verset 12 pour comprendre la Bible dit : « *au coucher du soleil, un profond sommeil tomba sur Abraham et voici qu'il fut assailli par la terreur et une grande obscurité.* » cela veut dire que lorsque le Seigneur demandait à Abraham de compter les étoiles, le soleil était encore au ciel. Donc les étoiles que Dieu demandait à Abraham de voir et de compter étaient des étoiles révélées, Abraham devrait les voir par révélation enfin de les posséder.

Lisons un deuxième passage Genèse 22 : 1-4 ; « *après cela, Dieu mit Abraham à l'épreuve, il lui dit : « Abraham ! » celui-ci répondit : me voici. Dieu dit : « prends ton fils unique, celui que tu aimes, Isaac. Va – t'en au pays de Morija et là offre-le en holocauste sur l'une des montagnes que je t'indiquerai* ». Abraham se leva de bon matin, sella son âne et prit avec lui deux serviteurs et son fils Isaac. Il fendit du bois pour l'holocauste et partit pour aller à l'endroit que Dieu lui avait indiqué. Le troisième jour, Abraham leva les yeux et vit l'endroit de loin. Abraham a vu la montagne par révélation car Dieu lui avait aussi parlé par révélation. Lorsque la Bible dit qu'il leva les yeux et vit l'endroit, c'était spirituellement qu'il avait fait, il avait levé les yeux dans le spirituel. Si Abraham avait la facilité de lever les yeux c'est parce qu'il était déjà monté. Donc ne peut lever les yeux et regarder que les personnes qui sont déjà montées.

Entrons dans les détails ; dans l'ancien testament, la demeure de Dieu était assimilée au sommet de montagnes et Dieu habitait sur une montagne. Mais dans la nouvelle alliance, cette montagne est devenue spirituelle, d'où montagne spirituelle. C'est pour cela que lorsque les gens vont en retraite ou jeûnent, ils disent souvent nous montons à la montagne (Héb 12 : 18, 22 ; « *Vous ne vous êtes pas approchés d'une montagne qu'on pouvait toucher et qui était embrasée par le feu, ni de la nuée, ni des ténèbres, ni de la tempête. Mais vous vous êtes approchés de la montagne de Sion, de la cité du Dieu vivant, la Jérusalem céleste, des myriades qui forment le chœur des anges* », et Deut 4 : 12 ; « *Et l'Eternel vous parla du milieu du feu ; vous entendîtes le son des paroles, mais vous ne vîtes point de figure, vous n'entendîtes qu'une voix* »).

De deux, le chrétien dans la nouvelle alliance est assimilé à un aigle or nous savons très bien que l'aigle habite le sommet de montagnes, l'aigle ne reste pas en bas mais en haut. Et pourtant nous avons vu que pour recevoir la révélation de la part de Dieu, il nous faut monter car ne peut lever les yeux et regarder que celui qui est déjà monté, c'est la dimension de l'aigle. Dans cette dimension voir recevoir les choses cachées de la part de Dieu est vraiment facile parce qu'on se retrouve déjà dans les hauteurs. L'aigle pour voir n'a plus besoin de monter mais ce qu'il a à faire c'est seulement lever les yeux et regarder.

Ça, c'est la dimension que doit désirer atteindre tout enfant de Dieu. Lorsque nous regardons dans la Bible, nous voyons beaucoup de serviteurs de Dieu en commençant par le Seigneur Jésus-Christ notre modèle, ont opéré dans cette dimension et il y en a d'autres de notre génération qui opèrent dans cette même dimension.

Prenons quelques exemples pour bien comprendre cela ;

1. Jésus Christ face à Nathanaël

Jean 1 : 45-49 : « *Philippe rencontra Nathanaël, et lui dit : Nous avons trouvé celui de qui Moïse a écrit dans la loi et dont les prophètes ont parlé, Jésus de Nazareth, fils de Joseph. Nathanaël lui dit : Peut-il venir de Nazareth quelque chose de bon ? Philippe lui répondit : Viens, et vois. Jésus, voyant venir à lui Nathanaël, dit de lui : Voici vraiment un Israélite, dans lequel il n'y a point de fraude. D'où me connais-tu ? lui dit Nathanaël. Jésus lui répondit : Avant que Philippe t'appelât, quand tu étais sous le figuier, je t'ai vu. Nathanaël répondit et lui dit : Rabbi, tu es le Fils de Dieu, tu es le roi d'Israël* ».

N.B. : notre Seigneur pendant toute sa vie terrestre, en tant qu'homme, a opéré dans cette dimension, c'est pourquoi vous ne le verrez pas prier avant de faire un miracle ou de donner une solution à un problème donné qu'on lui présentait. C'était là son secret et il le dit dans Jean 5 :19-20 ; « *Jésus reprit donc la parole, et leur dit : En vérité, en vérité, je vous le dis, le Fils ne peut rien faire de lui-même, il ne fait que ce qu'il voit faire au Père ; et tout ce que le Père fait, le Fils aussi le fait pareillement. Jésus reprit donc la parole, et leur dit : En vérité, en vérité, je vous le dis, le Fils ne peut rien faire de lui-même, il ne fait que ce qu'il voit faire au Père ; et tout ce que le Père fait, le Fils aussi le fait pareillement.* »

Le Seigneur Jésus levait seulement les yeux pour voir ce que le Père céleste faisait pour que lui aussi le fasse. C'est pour cela qu'il disait qu'il faisait les œuvres du Père. C'est qui s'est passé avec Nathanaël, quand il a levé les yeux, il l'a vu assit sous un figuier (Jean 1 :45-49 ; « *Jésus, voyant venir à lui Nathanaël, dit de lui : Voici vraiment un Israélite, dans lequel il n'y a point de fraude. D'où me connais-tu ? lui dit Nathanaël. Jésus lui répondit : Avant que Philippe t'appelât, quand tu étais sous le figuier, je t'ai vu.* »

2. **Prophète Elisée** (2 Rois 4 :1-7, 2 Rois 6 :8-17)

2 Rois 4 : 1-7 : « *Une femme d'entre les femmes des fils des prophètes cria à Elisée, en disant : Ton serviteur mon mari est mort, et tu sais que ton serviteur craignait l'Eternel ; or le créancier est venu pour prendre mes deux enfants et en faire ses esclaves. Elisée lui dit : Que puis-je faire pour toi ? Dis-moi, qu'as-tu à la maison ? Elle répondit : Ta servante n'a rien du tout à la maison qu'un vase d'huile. Et il dit : Va demander au dehors des vases chez tous tes voisins, des vases vides, et n'en demande pas un petit nombre. Quand tu seras rentrée, tu fermeras la porte sur toi et sur tes enfants ; tu verseras dans tous ces vases, et tu mettras de côté ceux qui seront pleins. Alors elle le quitta. Elle ferma la porte sur elle et sur ses enfants ; ils lui présentaient les vases, et elle versait. Lorsque les vases furent pleins, elle dit à son fils : Présente-moi encore un vase. Mais il lui répondit : Il n'y a plus de vase. Et l'huile s'arrêta. Elle alla le rapporter à l'homme de Dieu, et il dit : Va vendre l'huile, et paie ta dette ; et tu vivras, toi et tes fils, de ce qui restera* ». 2 Rois 6 : 8-17 : « *Le roi de Syrie était en guerre avec Israël, et, dans un conseil qu'il tint avec ses serviteurs, il dit : Mon camp sera dans un tel lieu. Mais l'homme de Dieu fit dire au roi d'Israël : Garde-toi de passer dans ce lieu, car les Syriens y descendent. Et le roi d'Israël envoya des gens, pour s'y tenir en observation, vers le lieu que lui avait mentionné et signalé l'homme de Dieu. Cela arriva, non pas une fois ni deux fois. Le roi de Syrie en eut le cœur agité ; il appela ses serviteurs, et leur dit : Ne voulez-vous pas me déclarer lequel de nous est pour le roi d'Israël ? L'un de ses serviteurs répondit : Personne ! ô roi mon seigneur ; mais Elisée, le prophète, qui est en Israël, rapporte au roi d'Israël les paroles que tu prononces dans ta chambre à coucher. Et le roi dit : Allez et voyez où il est, et je le ferai prendre. On vint lui dire : Voici, il est à Dothan. Il y envoya des chevaux, des chars et une forte troupe, qui arrivèrent de nuit et qui enveloppèrent la ville. Le serviteur de l'homme de Dieu se leva de bon matin et sortit ; et voici, une troupe entourait la ville, avec des chevaux et des chars. Et le serviteur dit à l'homme de Dieu : Ah ! mon seigneur, comment ferons-nous ? Il répondit : Ne crains point, car ceux qui sont avec nous sont en plus grand nombre que ceux qui sont avec eux. Elisée pria, et dit : Eternel, ouvre ses yeux, pour qu'il voie. Et l'Eternel ouvrit les yeux du serviteur, qui vit la montagne pleine de chevaux et de chars de feu autour d'Elisée* ».

Le prophète Elisée n'avait pas besoin de prier pour avoir la révélation pour le problème de cette femme, il lui avait seulement suffit de lever les yeux et de voir la solution pour elle, pourquoi ? C'est parce qu'il était déjà monté. Comme il était monté, il pouvait voir ce que le ciel voulait pour cette femme, à l'image de Jésus qui voyait ce que le Père faisait (Jean 5 : 19-20).

Notre église aujourd'hui a besoin d'hommes et de femmes de Dieu qui lèvent tout simplement les yeux pour voir les solutions aux multiples problèmes auxquels sont confrontés les enfants de Dieu, auprès de Dieu, lesquels problèmes qui semblent être sans solution devant notre Dieu.

Dans le second passage, le prophète était capable de voir et d'entendre ce que le roi de Syrie faisait et disait contre Israël. Tout ce qu'il planifiait contre Israël, le prophète le savait et la Bible précise que cela ne s'est pas fait une fois ou deux fois mais plusieurs fois. Tout cela c'est parce qu'il se trouvait monté spirituellement et il avait la facilité de voir tout ce qui se passait dans le monde spirituel. Pendant que son serviteur, lui était en bas et ne pouvait rien voir ni comprendre de tout ce qui se passait. Il fallut que le prophète prie pour que ses yeux ouvrent pour qu'il voit aussi. Tous ceux qui sont montés, ont toujours les yeux et les oreilles spirituelles ouverts tandis que ceux qui sont en bas ont les yeux et les oreilles spirituels fermés. Tous ceux qui sont montés, ont souvent une longueur d'avance sur les autres qui sont en bas.

Aujourd'hui, les hommes de Dieu cherchent que les gouvernants puissent les reconnaitre comme hommes de Dieu pendant qu'ils demeurent en bas et sachant rien de tout ce qui se trame par ici et par là, non ! Montons et découvrons leurs combines secrètes, alors ils vont reconnaitre qui nous sommes et ils vont nous respecter. La société aujourd'hui cherche cette trempe des hommes de Dieu, abandonnons la distraction, consacrons-nous davantage à Dieu et celui-ci nous utilisera dans cette dimension pour sa gloire et le salut des âmes.

Nous bénissons le Seigneur pour les serviteurs et servantes de Dieu qui sont dans les hauteurs, ils n'ont pas besoin de prier pour recevoir une révélation quelconque pendant que d'autres doivent d'abord monter dans la prière et le jeûne pour recevoir la révélation mais pour eux ça vient du tic au tac. Il suffit seulement qu'ils lèvent les yeux et voient.

Quelle dimension merveilleuse ! Eh oui sauf qu'il y a un prix à payer pour en arriver et ce prix c'est accepter de monter or monter n'est pas aussi facile, voilà pourquoi les gens qui s'y engagent ne sont que si peu. Mais que le Seigneur nous fasse grâce afin que nous puissions voir plus les bénéfices à gagner que le prix à payer.

Chapitre 5 : QUE FAIRE APRES AVOIR REÇU UNE REVELATION ?

Lorsque nous lisons 1 Rois 18 :1-2, il dit ceci : « *Bien des jours s'écoulèrent, et la parole de l'Eternel fut ainsi adressée à Elie, dans la troisième année : Va, présente-toi devant Achab, et je ferai tomber de la pluie sur la face du sol. Et Elie alla, pour se présenter devant Achab. La famine était grande à Samarie* ».

Recevoir une révélation est une bonne chose mais il faut aussi chercher à savoir ce qu'il faut faire après. Quand une révélation nous arrive, il faut la recevoir et la posséder mais pas la sceller comme le disent beaucoup de chrétiens, car sceller est synonyme de fermer. Abraham, à chaque fois que Dieu se révélait à lui, il donnait toujours une offrande. C'est un exemple à suivre lorsque nous recevons une révélation de donner une offrande à Dieu mais cela doit être volontaire et non obligatoire. Souvent, nous pensons qu'il suffit de donner une offrande après avoir reçu une révélation de la part de Dieu pour que cela s'accomplisse, non ! L'offrande nous permet de prendre possession de la révélation tout simplement mais il y a des choses très importantes à faire pour que la révélation s'accomplisse, c'est de cela que nous allons parler ici.

Que faut-il faire, après avoir reçu une révélation pour que cela s'accomplisse ? Il y a trois choses importantes que nous devons faire après avoir une révélation ;

a. L'analyse de la révélation
b. Enlever les obstacles à l'accomplissement
c. La prière.

a. L'analyse de la révélation

Lorsque nous recevons une révélation de la part de Dieu, nous devons l'analyser pour savoir de quoi cela s'agit-il au juste, chercher à comprendre exactement la pensée de Dieu, parce que si on ne la saisit pas bien, on ne saura pas aussi bien faire ce que Dieu attend de nous. Ensuite, chercher à savoir notre part de responsabilité pour l'accomplissement c'est laquelle et celle de Dieu est laquelle. Dans le passage 1Rois 18 :1, lorsque le Seigneur a dit à Elie d'aller dire à Achab qu'il va pleuvoir, Élie n'y est pas allé directement, car la Bible ne le dit pas mais dans sa façon d'agir, nous pouvons dire qu'Elie a pris d'abord le temps d'analyser pour comprendre ce que Dieu lui avait dit. Et après analyse, il a compris ce qu'il devait faire pour que la révélation s'accomplisse. Nous allons le voir au deuxième point.

1. Enlever les obstacles à l'accomplissement de la révélation.

Elie a reçu la révélation de la part de l'Eternel pour dire à Achab qu'il va pleuvoir mais avant, il a commencé par se débarrasser de tous les prophètes de Baal et d'Astarté (idolâtrie) qui étaient un grand obstacle dans l'accomplissement de cette révélation.

Retenons ceci : lorsque l'Eternel fait une promesse à une personne, il ne tient pas compte de son état d'âme mais pour son accomplissement, il tient compte de l'état d'âme de la personne et de sa marche avec lui. Nous voyons le cas d'Abraham dans Genèse 17 : 1, l'Eternel dit à Abraham : *« marche devant moi et Sois intègre »*. Dieu a conditionné l'accomplissement de sa promesse par une marche intègre devant lui.

Nous avons un autre exemple avec le prophète Esaïe, dans Es 6:5-9, le prophète a reçu la révélation de la part de Dieu pour exercer un ministère prophétique et il a même commencé le ministère en question mais quelques temps après, le Seigneur lui apparait et il se rend compte de l'impureté de ses lèvres, et pourtant il a toujours utilisé ses lèvres pour parler de la part du Seigneur, or pour le Seigneur, Esaïe n'avait pas encore commencé car ses lèvres étaient impures, c'est après que ses lèvres soient purifiées que le Seigneur lui confirme son appel et l'envoi.

Nous pouvons aussi ajouter le cas de l'apôtre Pierre à qui le Seigneur promet de donner les clés du royaume des cieux dans Mt 16 : 19 mais pour que cela s'accomplisse, il faut qu'il soit d'abord converti ou repenti Mt 16 : 23 et Luc 22 : 31-32. Ceci nous amène à dire que nombreux sont ceux qui sont en train de vivre l'accomplissement de la révélation ou de la promesse de Dieu à leur manière pendant que le Seigneur ne l'a pas encore accomplie et cela compte tenu de leur état d'âme qui n'est pas encore agréable à Dieu.

2. Se mettre en prière jusqu'à ce que la révélation s'accomplisse.

Dieu n'a pas dit à Elie d'aller prier mais d'aller dire au roi Achab qu'il va pleuvoir, le prophète Elie, connaissant la manière d'agir de Dieu, il s'est mis à prier en profondeur et avec persévérance jusqu'à ce qu'il a vu les signes de la pluie c'est alors qu'il a dit au roi qu'il va pleuvoir. Il n'est pas allé dans la précipitation, annoncer au roi l'ainsi dit l'Eternel mais il a prié jusqu'à voir les signes précurseurs de l'accomplissent. Que nos prophètes d'aujourd'hui trouvent ici une ligne de conduite pour l'exercice de leur ministère prophétique car ils sont pour la plupart pressés de parler sans avoir eu au préalable les signes de l'accomplissement de la révélation.

Ajoutons encore ceci ; lorsque Dieu nous donne un message pour quelqu'un d'autre, sachons cela que nous avons aussi une responsabilité par rapport à son accomplissement, nous devons nous demander pourquoi seulement nous ? Est-ce seulement un privilège ou une responsabilité aussi ? Nous sommes appelés à prier pour son accomplissement d'une manière ou d'une autre car lorsque le Seigneur nous confie une révélation pour quelqu'un d'autre, il nous rend aussi capable de prier pour cela enfin que cela s'accomplisse.

Plusieurs de nos promesses ne s'accomplissent pas parce que nous ne nous mettons pas en prière. Retenons ceci que les promesses de Dieu ne s'accomplissent qu'à genoux. Et nous pouvons d'une manière illustrative voir le cas de Jacob à Béthel dans Genèse 32 : 24-30 ; « *Jacob demeura seul. Alors un homme lutta avec lui jusqu'au lever de l'aurore. Voyant qu'il ne pouvait le vaincre, cet homme le frappa à l'emboîture de la hanche ; et l'emboîture de la hanche de Jacob se démit pendant qu'il luttait avec lui. Il dit : Laisse-moi aller, car l'aurore se lève. Et Jacob répondit : Je ne te laisserai point aller, que tu ne m'aies béni. Il lui dit : Quel est ton nom ? Et il répondit : Jacob. Il dit encore : ton nom ne sera plus Jacob, mais tu seras appelé Israël ; car tu as lutté avec Dieu et avec des hommes, et tu as été vainqueur. Jacob l'interrogea, en disant : Fais-moi je te prie, connaître ton nom. Il répondit : Pourquoi demandes-tu mon nom ? Et il le bénit là. Jacob appela ce lieu du nom de Peniel : car, dit-il, j'ai vu Dieu face à face, et mon âme a été sauvée* ». Et le cas de notre Seigneur Jésus Christ à Gethsémané dans Mt 26 : 38-44 ; « *Il leur dit alors : Mon âme est triste jusqu'à la mort ; restez ici, et veillez avec moi. Puis, ayant fait quelques pas en avant, il se jeta sur sa face, et pria ainsi : Mon Père, s'il est possible, que cette coupe s'éloigne de moi ! Toutefois, non pas ce que je veux, mais ce que tu veux. Et il vint vers les disciples, qu'il trouva endormis, et il dit à Pierre : Vous n'avez donc pu veiller une heure avec moi ! Veillez et priez, afin que vous ne tombiez pas dans la tentation ; l'esprit est bien disposé, mais la chair est faible. Il s'éloigna une seconde fois, et pria ainsi : Mon Père, s'il n'est pas possible que cette coupe s'éloigne sans que je la boive, que ta volonté soit faite ! Il revint, et les trouva encore endormis ; car leurs yeux étaient appesantis. Il les quitta, et, s'éloignant, il pria pour la troisième fois, répétant les mêmes paroles* ».

La prière est comme la pluie qui vient arroser la terre pour que la semence (qui est l'image de la promesse de Dieu) puisse germer et croitre pour donner des fruits. Et lorsque nous prions, nous devons rappeler à Dieu ce qu'il nous a révélé ou promis car il est toujours derrière sa Parole pour l'accomplir. Il n'accomplit pas ce qu'il n'a pas dit. Selon 1Jean 5 : 14-15 nous devons prier conformément à la volonté de Dieu, et cette volonté nous est révélée dans sa parole et par le Saint-Esprit (1Cor 2 :10), d'où l'importance de l'Esprit de révélation et de sagesse dans sa connaissance (Eph 1 : 17).

Chapitre 6 : COMMENT DISCENER LA REVELATION QUI VIENT DE DIEU ?

Il est écrit dans Actes 16 : 16-18 ce qui suit : « *Comme nous allions au lieu de prière, une servante qui avait un esprit de Python, et qui, en devinant, procurait un grand profit à ses maîtres, vint au-devant de nous, et se mit à nous suivre, Paul et nous. Elle criait : Ces hommes sont les serviteurs du Dieu Très-Haut, et ils vous annoncent la voie du salut. Elle fit cela pendant plusieurs jours. Paul fatigué, se retourna, et dit à l'esprit : Je t'ordonne, au nom de Jésus-Christ, de sortir d'elle. Et il sortit à l'heure même* ».

Il est important de souligner qu'il y a trois sources de révélation ; Dieu, le diable et l'homme.

- Dieu : le Père, le Fils, le Saint-Esprit, les anges et la bible.
- Diable : ses démons, les hommes à son service, les fausses religions, les sectes, etc…
- Homme : le moi, les convoitises charnelles, les envies, etc.

1. *Dieu*

Dieu est la source par excellence de toute révélation car c'est Lui le Créateur de toutes choses et il en détient aussi les secrets. Nous avons eu à le dire plus haut que le diable n'est pas capable de connaitre tout ce que le Seigneur de l'univers tient caché. Pour qu'il le connaisse, il faut que Dieu seul le mette à découvert. Lui, n'est que singe de Dieu.

2. Diable

Le diable lui, ses révélations sont de révélations tronquées. Il prend ce que le Seigneur à mis à nu et le falsifie pour le seul but de détruire l'homme. N'oublions pas que le Seigneur a dit dans Jean 10 : 10a ; le voleur ne vient que pour voler, détruire et tuer.

3. Homme

L'homme par ses envies et ses convoitises charnelles, peut aussi donner une soi-disant révélation, suite à ce que ses yeux voient ou ses oreilles entendent dans le seul but de satisfaire ses envies et convoitises charnelles.

Pour discerner si une révélation vient de Dieu, du diable ou de l'homme, il faut avoir un esprit de discernement, donc le discernement des esprits. Or ne peut l'avoir que celui qui est habité par le Saint-Esprit. En dehors de lui, il n'y a pas d'autre moyen pour faire le discernement.

Pour avoir l'esprit de discernement, il faut :

1. Recevoir Jésus-Christ dans sa vie comme son Seigneur et Sauveur personnel
2. Etre baptisé dans le Saint-Esprit
3. Avoir la plénitude du Saint Esprit.

Le discernement d'une révélation est basé sur l'esprit et le message c.à.d. Quel est l'esprit qui est derrière le message et que dit le message. Pour bien discerner, il faut être soi-même au préalable vrai et dans le vrai.

1. Le discernement du message

Nous devons savoir ceci : que toute révélation qui est contraire à la Bible, ne vient pas de Dieu. Même si le message n'est pas écrit exactement dans la Bible mais il faut analyser l'idée qui est véhiculée dans ce message. Ex : une femme célibataire qui reçoit une révélation pour un homme marié du genre que cet homme marié est l'homme de sa vie et l'homme doit divorcer de sa femme pour l'épouser. C'est comme une fois, je priais pour une sœur qui avait un problème spirituel, et pendant que je priais, j'ai constaté qu'il y avait des manifestations spirituelles en elle et un esprit a commencé à parler en elle, me demandant de lui dire qu'elle était sa servante et qu'elle devrait toujours l'adorer. Mais lorsque j'ai bien observé la sœur, j'ai remarqué qu'elle faisait de mouvements bizarres, cela m'a amené à poser la question à l'esprit qui parlait en elle ; qui es-tu ? et l'esprit me dira : « je suis l'ange Michael » et directement j'ai discerné que c'était un faux message.

Nous devons bien connaitre la Parole de Dieu pour bien discerner le message (Eph 4 :14, Actes 17 :11). Dans Colossiens 1 :19 la Bible dit : « *soyez remplis de la connaissance de sa volonté, en toute sagesse et intelligence spirituelle* », et dans Colossiens 3 :16 ; « *Que la parole de Christ habite parmi vous abondamment*

; instruisez-vous et exhortez-vous les uns les autres en toute sagesse, par des psaumes, par des hymnes, par des cantiques spirituels, chantant à Dieu dans vos cœurs sous l'inspiration de la grâce ». Il est vraiment primordial pour bien discerner le message qui vient de Dieu et celui qui ne vient pas de lui, d'avoir une connaissance exacte de la parole de Dieu car aucune révélation n'est au-dessus ou au-delà des écritures. Un jour par hasard, j'ai suivi un prophète qui passait à la télévision, faire une déclaration en disant que : nous ne pouvons pas nous contenter tout simplement à suivre les enseignements des Apôtres, pourquoi ? parce que les Apôtres ne connaissaient pas tout, et pourtant nous aujourd'hui nous connaissons plus que les Apôtres ; il parlait des enseignements doctrinaux. Or, l'Apôtre Jean nous dit : « *Quiconque va plus loin et ne demeure pas dans la doctrine de Christ n'a point Dieu ; celui qui demeure dans cette doctrine a le Père et le Fils. Si quelqu'un vient à vous et n'apporte pas cette doctrine, ne le recevez pas dans votre maison, et ne lui dites pas : Salut ! car celui qui lui dit : Salut ! participe à ses mauvaises œuvres* » (2 Jean 1). La doctrine du Christ nous la connaissons que par le truchement des Apôtres et des Apôtres seuls. Ce sont eux qui sont les gardiens et les dépositaires de cette doctrine. Dans Mt 28 : 19-20, il dit : « Allez, faites de toutes les nations des disciples, les baptisant au nom du Père, du Fils et du Saint-Esprit, et enseignez-leur à observer tout ce que je vous ai prescrit. Et voici, je suis avec vous tous les jours, jusqu'à la fin du monde ».

2. Le discernement des esprits

Un message peut être vrai selon la pensée biblique mais l'esprit qui est derrière ce message est faux. Le discernement des esprits se fait de deux manières : la première manière, c'est le Saint Esprit qui habite en nous qui va nous faire savoir que nous sommes en présence d'un mauvais esprit, il peut nous parler par une voix audible ou par notre intuition. La deuxième manière, par notre propre esprit, notre esprit n'entrera pas en communion avec cet esprit, il y aura vraiment blocage au niveau de notre esprit. Notre esprit sera mal à l'aise face à cet esprit. Et c'est l'expérience que l'apôtre avait vécu face à ce mauvais esprit qui était dans cette femme. Il dit : qu'il était excédé dans son esprit en écoutant cette femme qui prophétisait sur eux et pourtant celle-ci disait des choses qui étaient vraies mais elle était animée par un mauvais esprit, l'esprit de python. Celui de Paul était exaspéré parce qu'il n'y avait pas connexion entre lui et celui qui prophétisait dans cette femme. Le Saint Esprit peut à travers nos sentiments nous faire comprendre que cet esprit n'est pas vrai, des fois il crée des troubles ou une agitation au-dedans de nous pour nous faire comprendre que l'esprit est faux.

Si le Saint Esprit qui est en vous n'entre pas en contact avec le Saint Esprit qui est dans l'autre, il faut savoir que vous êtes en face d'un mauvais esprit. Il y a lieu ici de rendre hommage à un père qui nous a dit des choses par rapport au discernement des esprits, lors d'un séminaire des jeunes sur le New Age en 1991, des choses qui sont restées gravées dans notre esprit et qui nous aide dans notre marche chrétienne ; il s'agit de papa CHERUME de l'église LA BORNE UPN/ Kinshasa, il nous a dit ; s'il nous arrivera d'oublier tous les enseignements suivis pendant le séminaire, mais que nous oublions jamais ceci : *« toute expérience spirituelle qui ne nous rapproche pas de Dieu de sorte que nous devenions plus spirituels qu'avant de manière à ce que nous craignons davantage le Seigneur, que nous l'aimions davantage et que nous lui obéissions davantage, nous devons le savoir que nous étions en contact avec un mauvais esprit* ». Cette parole d'une richesse incommensurable, a toujours été une lampe qui m'éclaire toujours pour le discernement des esprits, que le Seigneur bénisse son humble serviteur là où il est.

Je vais clore ce chapitre en nous faisant remarquer ceci : chaque fois que nous acceptons un faux message livré par un mauvais esprit, nous nous lions à cet esprit et il s'établisse une alliance entre lui et nous, donc évitons cela à tout prix pour préserver notre âme et notre esprit.

CONCLUSION

La volonté de Dieu est que les choses cachées soient à son peuple pour que celui-ci en tire vraiment profit car les choses révélées sont des clés pour ouvrir différentes portes fermées et pour fermer différentes portes mauvaises ouvertes. Dans Actes 26 : 17-18, le Seigneur a dit à l'apôtre Paul que je t'envoie vers les païens pour que tu leur ouvres les yeux, pour qu'ils passent des ténèbres à la lumière et de la puissance de Satan à Dieu, pour qu'ils reçoivent, par la foi en moi, le pardon des péchés et l'héritage avec les sanctifiés.

Le Seigneur demande à Paul d'ouvrir les yeux de païens parce que celui qui a les yeux spirituels fermés aura des difficultés pour accéder aux choses cachées car avoir les yeux fermés spirituellement est synonyme de l'aveugle spirituel, or un aveugle ne peut pas voir tout ce qui est devant lui et autour de lui.

Dans Nombres 24 : 4 ; Parole de celui qui entend les paroles de Dieu, De celui qui voit la vision du Tout-Puissant, De celui qui se prosterne et dont les yeux s'ouvrent. Et dans 24 : 16 ; Parole de celui qui entend les paroles de Dieu, De celui qui connaît les desseins du Très-Haut, De celui qui voit la vision du Tout-Puissant, De celui qui se prosterne et dont les yeux s'ouvrent. Il est impératif d'avoir les yeux ouverts enfin de voir la vision du Tout-Puissant et de connaitre ses desseins, il veut vraiment que nous connaissions ses desseins. Cela doit être notre préoccupation de tous les temps avoir la révélation des choses cachées car ce qui est caché, nous ne pouvons pas le posséder ni le saisir. Etant donné que l'homme ne vit que ce qui lui a été révélé, ne comprend que ce qui lui a été révélé et possède que ce qui lui a été révélé.

Voilà pourquoi dans Ephésiens 1 : 15 -19, l'apôtre Paul dit qu'après avoir entendu parler de la foi des Ephésiens dans le Seigneur Jésus et de leur amour pour le prochain, il n'a cessé de prier Dieu et Père de notre Seigneur Jésus Christ pour que celui-ci donne aux Ephésiens l'esprit de révélation et de sagesse dans sa connaissance et qu'il illumine les yeux de leurs cœurs pour qu'il sache l'Esperance qui s'attache) son appel et ainsi de suite.

L'apôtre Paul a compris que sans l'esprit de révélation la foi et l'amour des Ephésiens vont s'estomper en mi-chemin. Car la grandeur, la hauteur, la profondeur, la réussite, le succès et la prospérité d'un homme dépend de sa révélation en ceci ou en cela.

Que le Saint Esprit nous amène tous après avoir lu ces écrits dans la dimension de la révélation où il nous attend au nom de Jésus Christ.

Printed by Books on Demand GmbH, Norderstedt / Germany